AF610791

Confesiones de un Mentalista

Cristóbal Carnero Liñán

2013

http://ilusionismopsicologico.com

Diseño de cubierta: Vanessa González Ortiz

1ª edición, diciembre de 2013

ISBN: 978-1-291-61144-1

Quiero dedicar este libro a ***Vanessa****, quien hace que cada día me sienta tan ilusionado y feliz como un niño.*

Agradecimientos

A mis padres, a mi hermano, a mi pareja, a Jesús, a todos mis amigos, a Juan Garrido, Ángel Azar, Irene Pintor, Darío Piera, Dani DaOrtiz, Manuel Ojeda, Greca, Jerome Finley, Gary Turner, y a toda la comunidad de mentalistas e ilusionistas de España y del resto del mundo. Todos ellos han contribuido de una forma u otra a que me convierta en la persona que soy, y me han dado el empuje necesario para escribir este libro.

ÍNDICE GENERAL

PRÓLOGO

Fue Chesterton quien hizo notar que a los niños les fascinaban los relatos fantásticos a partir de cierta edad, pero que en nuestra más tierna infancia nos sentimos igual o incluso más fascinados por la propia realidad, por el mundo tal como lo percibimos con nuestros sentidos.

Una ardilla, la luna, una caja de cartón son algo increíblemente maravilloso para un niño pequeño y la fascinación por los cuentos de hadas, magos y dragones surge posteriormente por el deseo innato de mantener esa fascinación.

Cristóbal tiene la suerte de mantener ese espíritu y aunque dice que no hace nada mágico en sus espectáculos, en mi opinión hace algo mejor, que es mostrarnos en el escenario la "magia" de lo real, lo fascinante del mundo que nos rodea. Y lejos de contarnos supercherías y de inventarse poderes paranormales, nos maravilla con capacidades de nuestra mente tan reales como asombrosas, jugando con ellas en un viaje que parece imposible porque es posible.

Y además, lo hace con dedicación, cariño y mucho respeto por su arte y por sus espectadores. Y con estos ingredientes está realizado este libro. Un libro repleto de técnicas tremendamente prácticas y útiles para mejorar el rendimiento de tu mente, para mejorar enormemente tu memoria, para permitirte experimentar sensaciones alucinantes y, lo que no es poco, utilizar mejor tu pensamiento para obtener más bienestar en tu vida.

Dicen que solo usamos el 10 % de nuestra capacidad mental aunque esto no es cierto y ha sido desmentido por diversos estudios que han demostrado que ciertos políticos usan menos. Después de la lectura de este libro y si aplicas los consejos y herramientas tremendamente transformadoras que Cristóbal te muestra, podrás usar la mente, tu propia mente, con mucha más capacidad y con unos resultados tan efectivos y reales, que te dejarán fascinado.

Practícalos, pues ha seleccionado algunas de las técnicas mentales más útiles y verificadas y la recompensa será enorme. Y estoy seguro de que crecerá en ti la semilla que Cristóbal habrá sembrado: la curiosidad por el mundo que nos rodea, el deseo de explorar y usar la mente tal como es, fascinante.

Darío Piera
`www.desarrollopersonalavanzado.com`

SOBRE EL AUTOR

Nací en Ronda en 1981, y empecé a interesarme por la magia desde muy pequeño cuando, gracias a mi abuelo, aprendí mis primeros juegos de ilusionismo con cartas. Desde los 18 años soy miembro del *Círculo de Ilusionistas Malagueños* (perteneciente a la SEI, *Sociedad Española de Ilusionismo*) donde actualmente ostento el cargo de vicepresidente. Empecé especializándome en magia con cartas, monedas, escapismo y otras ramas, pero pronto me interesé por la parte más psicológica del arte del ilusionismo. Por ello me he dedicado a estudiar temas como la sugestión, la memoria, el lenguaje corporal, la hipnosis,...

He tenido la suerte de actuar por toda España en festivales, teatros, salas y eventos privados para distintas empresas y organizaciones, presentando mi espectáculo de mentalismo *Control Mental*, en donde demuestro cómo se puede influir en el comportamiento y en la mente de las personas, en lo que piensan o en lo que sienten. Además, junto con mi compañero Juan Garrido, estamos representando en distintos teatros la obra *Magia a Dos Velas*, en la que se mezcla ilusionismo y mentalismo.

Para más información puedes visitar mi página web:

`ilusionismopsicologico.com`

O seguirme en:

Facebook: `www.facebook.com/psilusiones`
Twitter: `@cristobal_psi`

CAPÍTULO 1
INTRODUCCIÓN

El mentalismo es un arte que simula poderes o efectos paranormales. Y aunque guarda cierta relación con el ilusionismo, los métodos y las emociones que se generan en cada una de estas disciplinas son muy distintas. Como decía el también malagueño Pablo Picasso, «*el arte es la mentira que nos ayuda a ver la verdad*». Y de eso trata este libro, de transmitiros algunas de las verdades que he descubierto en mis estudios, investigaciones y, por supuesto, en mis actuaciones.

El cerebro humano es una máquina impresionante, y la mente es algo maravilloso, pero también un gran misterio. No quiero decir que la mente tenga algo mágico o sobrenatural, simplemente que es uno de los aspectos de nosotros mismos que menos conocemos. Aunque la ciencia ha progresado a gran ritmo durante el último siglo, todavía estamos a decenas de años de poder replicar la inteligencia humana. Aún así los últimos avances de la tecnología, como la *Imagen por Resonancia Magnética*, nos han permitido estudiar más profundamente las funciones de las distintas partes del cerebro, cómo interaccionan las neuronas, las influencias de los distintos neurotransmisores, y en definitiva conocer un poco mejor cómo funciona nuestro pensamiento. En el otro extremo está la psicología, que estudia la conducta y los procesos mentales a un nivel mucho más alto.

Actualmente hay un interés creciente entre los científicos por aprender lo que los ilusionistas conocen del comportamiento humano desde hace milenios: el control de la atención, la manipulación de la percepción, etc. Éste es un conocimiento basado en la experiencia, aprendido en infinidad de actuaciones y enseñado solamente a otros magos a través de sus maestros —o en libros que no están a disposición del público.

Mi interés por el mentalismo surgió precisamente porque en este arte se exploran nuevas áreas de investigación sobre la mente humana poco estudiadas por la comunidad científica —aunque poco a poco esto está cambiando—. Cómo funciona la memoria, la intuición, los mensajes subliminales, la hipnosis,... Es algo tan enigmático que cuando se presenta en un escenario parece magia, igual que lo debieron parecer seguramente las primeras demostraciones de la electricidad o el cine.

Del mismo modo que quiero mostrar la verdad, con este libro me gustaría alertar sobre los que usan estos conocimientos para fines menos éticos como supuestos mediums, adivinadores, sanadores,... Y si solo hubiese una idea con la que te quedaras al cerrar el libro, me gustaría que fuese la importancia de no creer sin tener las suficientes pruebas. La crítica, la duda, el cuestionarlo todo, es la ventaja evolutiva más importante que ha desarrollado el ser humano, y la que ha hecho que la ciencia haya progresado de forma tan extraordinaria. Hoy día tenemos una vida más larga, estamos más sanos, vivimos con muchas más comodidades y tenemos acceso a todo tipo de conocimiento. Aunque es cierto que también ahora padecemos un estrés descontrolado que nos ha llevado a problemas cardiovasculares, afecciones psicológicas, etc. Pero como veremos más adelante también en esos aspectos estamos avanzando mucho.

Éste va a ser un manual especialmente práctico, y quizás en un primer vistazo te podrá parecer que hay una cantidad abrumadora de información condensada en muy poco texto. Mi idea es que el lector lo use como libro de consulta. Los capítulos están diseñados para que los leas en el orden que quieras, así que puedes irte sin remordimiento a la parte que más te atraiga. Lee lo que más te interese y aplica lo que te apetezca[1]. Pasado un tiempo reléelo y repasa el contenido. Descubrirás nuevas técnicas o detalles que antes habías pasado por alto o que para entonces sí querrás usar.

El texto está dividido en cuatro capítulos:

- En el primero introduciré el concepto psicológico de *mindfulness* (atención plena). La finalidad de ejercitar este estado mental es la de mitigar la ansiedad, la depresión y el

[1] Aunque como dijo alguien una vez, si de una revista solo lees los artículos que te interesan, al terminar seguirás siendo exactamente la misma persona que antes.

estrés.

- En el capítulo 3 mostraré cómo disfrutar más de los sueños aprendiendo a tomar conciencia en ellos y a controlarlos.

- En el siguiente, titulado Memoria, te enseñaré las técnicas de memorización que uso cada día.

- Finalmente, en el capítulo 5, revelaré algunos experimentos como los que uso en mis espectáculos, para que tú mismo puedas presentarlos ante tus amigos.

El objetivo final es que, desarrollando las habilidades que te presento en esta obra, seas más productivo, más creativo, te diviertas tú mismo e incluso puedas divertir y entretener a los demás, para que, en definitiva, seas más feliz.

Espero que lo disfrutes.

CAPÍTULO 2
MINDFULNESS

Mi traducción favorita de este término anglosajón es *conciencia plena.* Aunque otras traducciones como atención plena o conciencia pura también son bastante apropiadas. Este concepto, aunque proviene de la meditación budista, no está relacionado con la religión, y está empezando a ser reconocido y usado por la psicología occidental.

La conciencia plena es el estado mental en el que los pensamientos están centrados completamente en el presente. La atención está dirigida al propósito que tiene delante, y de esa forma la mente no juzga, ni divaga con asuntos que no sean la meta que tiene ante sí. Eso quiere decir que se consigue más eficiencia, ya que los recursos del cerebro se enfocan solamente en las tareas que realmente van a ser rentables, y más felicidad, pues nuestra cabeza no está constantemente llena de preocupaciones sin ningún propósito útil.

En este capítulo vamos a aprender a llegar a este estado. Para ello, en primer lugar estudiaremos cómo funciona nuestra mente, y más concretamente nuestro *inconsciente*[2]. Veremos que hay influencias externas e internas que pueden ser perjudiciales para nosotros. En concreto analizaremos qué es el *parloteo mental*, y aprenderemos algunos métodos para luchar contra sus efectos. Finalmente, explicaré dos técnicas extremadamente útiles en el día a día: la *relajación* —para mitigar la ansiedad y estrés excesivo—, y la *meditación* —que practicadas regularmente te permitirán entrenar

[2]Quizás el término *subconsciente* te resulte más familiar, pero éste es un término antiguo —descartado por la psicología— para referirse a lo inconsciente, es decir, a lo que se encuentra por debajo del umbral de la consciencia, o en otras palabras, lo que no se atiende conscientemente.

tu mente y tu cerebro, para conseguir ese estado de mindfulness.

Inconsciente

Piensa por un momento en toda la información que procesamos a lo largo del día: cuando hablamos con alguien, cuando leemos o vemos una película, cuando trabajamos o paseamos,... Miles de ideas, imágenes, datos que conscientemente procesamos en nuestra mente. Parece mucho ¿verdad? Pues se ha demostrado que hay una parte de nuestra mente que funciona sin que nos demos cuenta. Trabaja, registra y procesa mucha más información incluso que nuestra parte consciente.

Algunas de las cosas que es capaz de hacer este proceso mental inconsciente, es calcular automáticamente la frecuencia de distintos sucesos, o deducir relaciones entre rasgos o eventos. Lo curioso es que este procesamiento de datos es igual de exacto en personas de distintas edades o con distinta educación. Parece ser un vestigio de nuestra mente animal, que facilitaba a nuestros ancestros la supervivencia en la naturaleza, por ejemplo para la orientación.

Pero la mente inconsciente tiene un "defecto": no procesa la lógica igual que la mente consciente, por lo que no cuestiona las ideas con las que los alimentamos y por ello es muy vulnerable a estímulos externos. Quizás hayas oído hablar de un famoso experimento que se llevó a cabo en el año 1957 por James Vicary. Durante la proyección en un cine, usaron un aparato llamado taquistoscopio que insertaba durante la película algunos fotogramas con publicidad. Estas imágenes pasaban inadvertidas por el consciente, pero eran captadas por el inconsciente. El resultado —según Vicary— fue que en el descanso de la película las ventas de los productos anunciados con este sistema se dispararon. Lamentablemente, años después el propio Vicary confesó que realmente su estudio no tenía datos significativos. Aún así, en 2006 los investigadores Johan C. Karremans, Wolfgang Stroebe y Jasper Claus demostraron que bajo ciertas condiciones los mensajes subliminales funcionan.

Distintos experimentos han demostrado que una persona sentada en un asiento más duro es más inflexible, y por contra, si está en un sillón más blando cambiará más fácilmente de postura en una negociación. Entonces, si nuestra mente inconsciente está tan indefensa ante estímulos subliminales externos, imagina cómo pueden afectarle nuestros propios pensamientos. Uno de mis maestros suele decir *mi mente es un templo*. Con ello quiere decir que hay que vigilar qué tipo de estímulos nos llegan tanto del exterior como del interior. Telediarios y periódicos llenos de noticias sobre violencia, crisis, y demás afectan a nuestro estado de ánimo y son alimentos venenosos para nuestro inconsciente. No sugiero que nos aislemos totalmente de la actualidad, sino controlar el consumo de información, y sobre todo ser consciente del efecto que puede tener en nosotros.

Otra consecuencia de que nuestro inconsciente tenga un comportamiento animal que no razona con lógica, es que no comprende correctamente las negaciones. Piensa en un perro, cuando lo llamas por su nombre acude a ti. Realmente el perro no piensa que como estás diciendo su nombre es que lo estás llamando, simplemente asocia su nombre con la orden de ir hacia ti. De hecho un perro no comprende el concepto de "nombre". Imagínate que ahora intentas decirle al perro que no venga: *"¡Kay, NO vengas!"*. Comprenderás ahora la confusión del animal. A nuestro inconsciente le pasa algo parecido, por eso cuando una persona está intentando dejar de fumar no es muy recomendable pensar una y otra vez *"no quiero fumar, no quiero fumar, no quiero fumar,... "*, porque seguramente lo que produzca sea precisamente el efecto contrario. Es como si te pido que no pienses en un elefante verde. Automáticamente vas a pensar en ello sin poder evitarlo. Por lo tanto, si estás intentando dejar de fumar, por poner un ejemplo, debes cambiar tu forma de pensar. En vez de repetirte qué es lo que no quieres hacer, piensa en lo que **sí** quieres: *"quiero hacer ejercicio"*, o *"quiero comer una manzana"*, etc.

Como ves, no solamente hay que tener cuidado con las influencias que nos llegan del exterior. La mayoría de las veces somos nosotros mismos los que ejercemos efectos negativos en nuestra propia mente. A continuación vamos a ver el ejemplo más evidente de ello.

Parloteo mental

¿Cuántas veces a lo largo del día te has dado cuenta de que tu mente lleva un rato divagando con asuntos que no tienen nada que ver con lo que deberías estar haciendo? Si hasta ahora no te has dado cuenta, a partir de este momento empezarás a ser consciente de ello.

Es muy común, por ejemplo, imaginar conversaciones que quizás nunca lleguen a producirse, o pensar qué hubiese pasado si hubieses tomado otras decisiones en el pasado, decirte a ti mismo que no serás capaz de hacer algo, o que no lo vas a hacer bien, etc. Como verás son pensamientos totalmente improductivos, que consumen mucha energía, que te distraen de las tareas realmente importantes, y no solo eso, muchos de estos pensamientos tienen connotaciones negativas que solo te harán sentir peor.

Un defecto del cerebro humano es que no es fiel a la realidad. De hecho la memoria es muy inexacta y, para rellenar los huecos nuestro inconsciente inventa información. Lo que recordamos nunca es una copia exacta de lo que realmente hemos vivido. Por ello los testigos visuales son tan poco fiables. Nuestra mente tiende a distorsionar, magnificar, seleccionar y olvidar basándose en prejuicios de los que no somos conscientes: creemos que una idea es una verdad irrefutable, sin darnos cuenta de que es un producto de nuestro subconsciente que realmente no tiene ninguna base lógica. Estas ideas limitantes —y prejucios— distorsionan nuestra visión de la realidad, creando situaciones irreales en nuestra mente lo que es, en definitiva, el origen de nuestra ansiedad.

Por contra, cuando practicamos el estado mental mindfulness conseguimos ser conscientes de nuestros procesos mentales y de dónde vienen las ideas y creencias que nos están afectando. Tu mente dejará marchar los pensamientos inútiles centrándose en el presente, terminarás más tareas en menos tiempo, lo que te hará sentir mejor, y además el trabajo realizado será de más calidad al estar más atento a lo que haces —y lo disfrutarás más—. En definitiva se consigue ser más productivo y más feliz, dándole un nuevo significado a la expresión *vivir el momento.*

Pero, ¿cómo parar ese parloteo mental que no te deja concentrarte? La herramienta más importante es la meditación, de lo que hablaremos más adelante. Pero aparte de eso, hay otros trucos con los que podrás detener inmediatamente esa verborrea inútil de tu cabeza.

Un método muy sencillo que aprendí de Gary Turner, hipnoterapeuta inglés, para acallar nuestra voz interior, es apretar los labios y apretar la lengua contra el cielo de la boca. La explicación de por qué esto funciona es muy sencilla: está demostrado que cuando pensamos, cuando hablamos con nosotros mismos, movemos inconscientemente los músculos de la lengua y los labios —de hecho, a las personas que usan el lenguaje de signos les pasa lo mismo pero con las manos—. Así pues, al estar la lengua y los labios inmovilizados, al cerebro le cuesta mucho más seguir con su cháchara.

Otro recurso que me ha ayudado mucho es una técnica proveniente de la *Programación Neurolingüistica* (PNL), que aprendí de uno de mis maestros del mentalismo, Jerome Finley. Cuando te des cuenta de que el tren de tus pensamientos se ha desbocado, con ideas negativas o inútiles, Jerome propone la técnica de la señal de *stop*. Consiste en imaginar un gran señal de stop, con luces parpadeantes y muy colorida. Cuando la hayas visualizado, repite en tu mente: *"cancelar, cancelar, cancelar,...* ". Esta visualización, y la repetición en tu mente consiguen dos cosas: primero, ser consciente del parloteo de tu mente y pararlo de golpe. Y segundo, es una señal para que las autosugestiones negativas no se implanten en tu inconsciente. Esto no es ninguna fórmula mágica ni nada parecido. Si hay algo que creas que te puede funcionar mejor que la señal de stop úsalo. Yo personalmente me imagino la señal de stop, barreras policiales, y cosas así.

Después de **parar** el tren de pensamientos del consciente, y **cancelar** las sugestiones al inconsciente, puedes sustituir esos pensamientos con afirmaciones positivas. Por ejemplo, si tu mente te estaba diciendo *esto es muy difícil, nunca lo voy a acabar*, después de parar y cancelar su efecto, puedes repetir en tu cabeza *voy a acabar esto muy pronto porque es muy fácil para mí.* Es importante que estas afirmaciones sean creíbles para ti. No tiene sentido decirse a sí mismo *voy a sacar un diez en el examen* porque seguramente eso no sea cierto. Más bien deberías repetirte *voy a estudiar y mejoraré mis resultados.* Dicen que por cada pensamiento negativo hacen falta entre cinco y diez pensamientos positivos para contrarrestar los efectos del negativo.

Finalmente, cuando hayas encarrilado de nuevo tus pensamientos, puedes hacer una cosa más: sonreír. Te puede parecer una tontería pero se ha demostrado científicamente que sonreír estimula y refuerza el sistema inmunológico, calma la ansiedad y el estrés, equilibra el estado anímico... Sin contar con los beneficios sociales: facilita la comunicación, aumenta el atractivo, etc. Notarás enseguida que te sientes mejor.

Sé lo que te estás preguntando: ¿realmente sirve para algo todo esto? Pues bien, con el uso de estas técnicas vas a empezar a monitorizar todos tus pensamientos. Te darás cuenta de que cada cosa que pase por tu mente tiene efectos en ti, y está en tu poder dejar que los pensamientos te controlen a ti, o coger las riendas y hacer que sea tu mente la que trabaje para ti.

Ahora bien, nada de esto sirve si ahora no pasas a la acción y das los pasos necesarios para que las afirmaciones positivas que nos repetimos anteriormente se hagan realidad. A pesar de lo que ciertos libros quieren hacernos creer, el pensamiento positivo por sí solo, aunque psicológicamente útil, no altera la realidad si no está acompañada por un trabajo en pos de un objetivo.

Relajación

Algunas de las consecuencias negativas de las influencias que hemos visto, como el parloteo mental, es el estrés[3], que puede desembocar en trastornos de ansiedad, y otros problemas. Por ello, en aquellos momentos en los que sientas una sobrecarga excesiva, es necesario que cuentes con alguna forma efectiva de volver a un estado de relax.

[3]El estrés es una respuesta de nuestro cuerpo natural y necesaria en nuestro día a día. Con este mecanismo, la fisiología de nuestro organismo reacciona para poder afrontar adecuadamente situaciones especiales: una crisis en nuestro trabajo, un examen, un incidente mientras conduces,... Esto nos permite agudizar nuestros sentidos y poder reaccionar más rápidamente. Los problemas aparecen cuando este estado se produce excesivamente y dicha sobrecarga repercute negativamente en nosotros.

Seguramente habrás leído muchas técnicas de relajación, pero te voy a presentar la que yo uso en multitud de ocasiones. De nuevo, es una técnica que aprendí de Jerome Finley y es muy sencilla. Puedes hacerlo de pie, sentado o completamente tumbado.

Simplemente tienes que inhalar aire profundamente y, sin soltarlo, poner rígido todo tu cuerpo tensando todos los músculos desde los pies hasta la cabeza. Mantén el aire en los pulmones y la rigidez mientras cuentas hasta siete, y una vez llegues a siete suelta el aire de los pulmones al mismo tiempo que liberas la tensión de todos los músculos y cierras los ojos. Continua con una respiración pausada mientras te concentras en relajar completamente todos y cada uno de los músculos, de nuevo desde los dedos de los pies, hasta los músculos de la cara.

Así de fácil. Verás que no es nada complicado ni largo, de hecho solo te llevará 10 segundos realizarlo. Y al terminar estarás completamente relajado, el parloteo mental habrá desaparecido y a partir de ahí podrás meditar o simplemente descansar.

Esta técnica me ha sido muy útil cuando he tenido dificultad para dormir; o para experimentar con sueños lúcidos; o simplemente en algunos momentos en los que me he sentido más nervioso o estresado.

Meditación

Un artículo del New York Times se hacía eco de un estudio del doctor Richard J. Davidson que relacionaba el desarrollo del córtex prefrontal izquierdo con la felicidad y la paz interior. Escaneando el cerebro mediante IRM (*Imagen por Resonancia Magnética*), los científicos han demostrado que la meditación es un proceso consciente que desarrolla las partes del córtex cerebral responsables de la toma de decisiones, la atención, la memoria y el control del sistema nervioso autónomo —que controla las acciones involuntarias—. También se aumenta la producción de neurotransmisores como la dopamina, serotonina y la oxitocina —hormonas relacionadas con la felicidad— y disminuyen los niveles de adrenalina y cortisol —asociados al estrés. En definitiva, la meditación nos hace ser más felices, estar más atentos y más centrados en el presente, nos permite descansar del estrés —muy importante para mantener sano nuestro sistema inmunológico y mejorar nuestra memoria—, al mismo tiempo que desarrollamos nuestras habilidades para la concentración, el trabajo, la colaboración y la relación con otras personas, etc.

Si nunca lo has hecho, vas a comprobar ahora que meditar es mucho más sencillo de lo que puedas pensar. Además no te llevará mucho tiempo. Lo único importante es que seas constante y trates de dedicarle un tiempo todos los días, del mismo modo que puedes dedicarle tiempo a hacer ejercicio físico o a limpiar la cocina.

Busca un sitio tranquilo en tu casa. Desconecta el teléfono y evita cualquier cosa que pueda interrumpirte —te recuerdo que no te llevará más de 20 minutos—. Siéntate en una silla cómoda en la que puedas mantenerte con la espalda recta. Pon ambas manos relajadas sobre el regazo, los pies apoyados planos sobre el suelo, cierra los ojos y no olvides sonreír. Recuerda también no bajar la cabeza y mantenerla erguida mirando hacia adelante. En este momento tómate un momento para asegurarte de que todos tus músculos están relajados. Si te cuesta relajarte, usa la técnica que he explicado en la sección anterior.

Ahora lo único que tienes que hacer es concentrarte en tu respiración. Respira pausadamente y concéntrate en hacerlo correctamente: inspira por la nariz y, haciendo descender el diafragma, nota cómo empiezan a llenarse los pulmones al mismo tiempo que se dilata el abdomen, en primer lugar, y después la parte alta del pecho, entre las clavículas. En la espiración, el aire hace el recorrido inverso subiendo el diafragma y contrayendo el abdomen. Es tan importante la inhalación como la exhalación. Ésta es la forma correcta de respirar, no solo durante la meditación, sino también en el día a día, así que cuanto más la practiques mejor. Si tienes que hablar en público, una buena respiración te será muy beneficiosa.

Verás que mientras sigues observando tu respiración, tu mente va a empezar a divagar. No te preocupes porque es normal. Lo único que tienes que hacer es, cuando detectes un nuevo pensamiento, déjalo pasar para volver a concentrarte otra vez en tu respiración. Ése es nuestro objetivo en la meditación: aprender y ejercitar la habilidad para centrarse solamente en la tarea que tenemos delante, que en este momento es una correcta respiración. A diferencia de lo que la mayoría de la gente cree, la meditación no consiste en dejar la mente en blanco.

¿Cuánto tiempo debe durar la meditación? Para empezar te propongo solamente 5 minutos, y verás que en un par de días tu cuerpo te pedirá subir hasta 10 o 15. Lo recomendado suele ser al menos 20 minutos y, aunque muchos llegan a meditar durante horas, hay experimentos que han demostrado que dedicando solamente 12 minutos diarios los resultados son visibles en los escáneres cerebrales en un par de meses. Sin embargo, para disfrutar de estos beneficios hay que ser perseverante y no abandonar esta práctica tan provechosa.

Ahora bien, a lo largo del día puedes encontrar muchas oportunidades para practicar la meditación. Verás que en cualquier momento en el que te encuentres estresado puedes parar, concentrarte en tu respiración durante un minuto, y seguir con lo que estabas haciendo, estando ahora mucho más relajado y concentrado. Y aunque no te sientas estresado es recomendable descansar la mente cada cierto tiempo, sobre todo en trabajos que requieran gran actividad mental. En este descanso deberás dejar de pensar completamente durante unos segundos.

También puedes dedicarle cinco minutos, justo antes de una reunión, cuando tengas que tomar una decisión importante, o simplemente antes de empezar una tarea o actividad, lo que hará que seas más eficaz y disfrutes mucho más realizándola, ya que estarás centrado totalmente en ella. Porque, en definitiva, con la meditación entrenamos la mente para conseguir el estado de conciencia plena en nuestro día a día.

CAPÍTULO 3

SUEÑOS LÚCIDOS

Quizás por el nombre no sepas qué es un sueño lúcido, pero seguro que lo has experimentado alguna vez. Un sueño lúcido sucede cuando te das cuentas de que estás soñando. La mayoría de la gente suele despertarse en ese momento, pero si logras seguir durmiendo serás capaz de controlar tu sueño y hacer lo que quieras, como volar, por ejemplo. Algunos incluso mantienen conversaciones con su inconsciente y aprovechan para hacerle preguntas. A las personas que toman consciencia dentro de un sueño se le denomina *onironauta*.

Parece algo sin ningún interés, pero la primera vez que conseguí un sueño lúcido fue una de las experiencias más increíbles de mi vida. Ningún sueño lúcido es igual a otro, y pueden ser experimentados de distintas formas. En aquel primer sueño lúcido que tuve me vi desde fuera de mi cuerpo, como si se tratase de un viaje astral —de hecho es bastante probable que el mito de los viajes astrales provenga de este tipo de sueños—. Además todo lo que sentía parecía aumentado mil veces. Fue algo indescriptible. En el sueño recorrí mi casa y decidí salir volando por la ventana, y fue alucinante. Era curioso ver que mi casa y el barrio eran diferentes de como son en realidad, y esa es una de las cosas más interesantes de los sueños lúcidos: ver cómo tu inconsciente crea detalles o incluso escenarios enteros que no has visto jamás.

¿Pero cómo es posible llegar a controlar los sueños? No es nada complicado, aunque debes tener paciencia hasta conseguir los primeros resultados. Como recompensa, no solo vas a disfrutar de aventuras fantásticas, sino que en el proceso de aprendizaje vas a seguir desarrollando y ejercitando tu mente.

Diario de sueños

Lo primero y más importante es aprender a recordar los sueños, porque no te servirá de nada tener un sueño lúcido alucinante si a la mañana siguiente lo has olvidado. Lo mejor para acostumbrarse a recordar los sueños es llevar un *diario de sueños*: cada vez que tengas un sueño, a la mañana siguiente trata de recordar y apuntar todos los detalles que puedas en una libreta. Cuando me despierto justo tras un sueño, cojo el móvil de la mesita de noche, enciendo la grabadora que traen todos los móviles ahora, describo el sueño lo mejor que puedo, y me vuelvo a dormir. A la mañana siguiente transcribo la grabación al diario de sueños. Si no puedes grabarte también puedes dejar papel y lápiz junto a la cama.

Pruebas de realidad

Ésta es la técnica más famosa y la primera que se suele explicar pero, sinceramente, nunca he llegado a experimentar mucho con ella. Consiste en acostumbrarte a hacer *pruebas de realidad* de vez en cuando. Una prueba de realidad es algo que te puede permitir saber si estás soñando o no. Por ejemplo, cierras la boca, te tapas la nariz e intentas respirar. Si puedes respirar es que estás soñando. Para que sea efectivo este método tienes que acostumbrarte a realizar esta prueba varias veces a lo largo del día cuando estás despierto, de tal forma que cuando estés soñando estés tan habituado a hacerlo que recordarás hacer dicha prueba de realidad y comprobarás que estás en un sueño.

Otras pruebas de realidad pueden ser:

- Ponerse las manos en la cara y seguir viendo.
- Utilizar interruptores de luz y comprobar si funcionan como deberían.
- Leer un texto en un papel, apartar la mirada, volver a leerlo y comprobar que dice lo mismo que antes. O intentar cambiar con la mente un texto que estás leyendo.

- Igual que el anterior pero con relojes. Comprobar que funcionan normalmente.
- Intentar usar un superpoder como flotar, mover objetos con la mente, etc.

Un posible problema con esta técnica es que te puedes habituar tanto a una prueba de realidad que cuando estás soñando acaba funcionando igual que cuando estás despierto, por lo que es posible que una prueba de realidad te sirva durante un tiempo, pero luego tengas que empezar a usar otra.

Técnicas de inducción

Aparte de darte cuenta de que estás en un sueño usando las pruebas de realidad, hay otras formas de conseguir o favorecer los sueños lúcidos:

Alimentar el inconsciente

Ésta es una técnica que sí he usado bastante. Consiste en irte a la cama y, antes de apagar las luces, cojas una fotografía, imagen o cuadro y la observes fijándote en todos los detalles y prestándole toda tu atención durante unos minutos. La idea es activar tu inconsciente a través de la visualización y de la imaginación. También sirve leer un libro (una novela o cuento), que sea capaz de evocar imágenes atractivas, o ver una película, justo antes de dormir.

Te puede parecer una tontería pero cuanto más leas sobre sueños lúcidos más probabilidad hay de que tengas uno, así que justo antes de dormir es un buen momento para leer sobre el tema, o incluso darle una hojeada a tu diario de sueños.

Autosugestión

Cuando estés intentando conciliar el sueño repite esta frase en tu mente: *"voy a tener un sueño lúcido y lo voy a recordar"*. No solo tienes que repetirlo sino pensar en su significado. Otra variante de la frase es *"la próxima vez que esté soñando, recordaré que estoy soñando"*. Yo suelo combinar esto con alguna técnica de relajación o meditación, o recordando la imagen que he estado observando antes, si estás aplicando también la técnica que expliqué en el apartado anterior, o imaginando una escena o un lugar inventado.

También es muy efectivo recordar otros sueños lúcidos que ya hayas tenido, intentando volver a sentir lo que sentías en aquellos momentos.

Despertar y volver a la cama

Muchos sueños lúcidos se producen al volver a dormirte después de despertarte a media noche, así que puedes forzar esa situación. La forma más obvia de hacer esto es poniendo la alarma a media noche, pero hay formas más "sutiles" de conseguir despertarte. Una técnica bastante efectiva es beber mucha agua antes de irte a la cama. La idea es que en algún momento de la noche te despertarás irremediablemente para ir al baño. Esto tiene dos efectos positivos para nuestro propósito: en primer lugar es bastante probable que ese momento llegue cuando estés en mitad de un sueño por lo que es muy posible que consigas ser consciente. Lo segundo que va a pasar es que al volver del baño y dormirte vas a tener un sueño lúcido más fácilmente.

Combinando técnicas

Lo más efectivo, por supuesto, es combinar varias de estas técnicas. Lo que yo suelo hacer es acostarme —no muy tarde para no estar excesivamente cansado— y mirar algún cuadro o fotografía interesante o espectacular, o leer un poco. Luego apago las luces y me tumbo completamente en la cama quedándome inmóvil. Entonces realizo algún ejercicio de relajación y empiezo a repetir en mi mente *"voy a tener un sueño lúcido y lo voy a recordar"* hasta quedarme dormido completamente.

También puedo empezar a construir un escenario imaginario donde quiero que comience el sueño: un bosque con una cascada y un río, un oasis en mitad del desierto, la cima de un edificio con vistas a una ciudad futurista,... Me imagino todos los detalles e intento que la imagen sea lo más real posible. Sigo imaginándome esa escena con la intención siempre presente en mi mente de dormirme y tener un sueño lúcido en ese momento.

Otra cosa que me ha sido muy efectiva es, tras el ejercicio de relajación y cuando notes que estás quedándote dormido, imaginarte que estás flotando boca abajo sobre la cama y estuvieses viéndote a ti mismo. Llegará un momento en el que te des cuenta de que "realmente" te estás viendo dentro de un sueño. Así es cómo empezó mi primer sueño lúcido y me ha servido para tener otros muchos.

Por último, si tienes algún sueño recurrente como estar en un examen, que se te caigan los dientes, que vuelas,... Puedes usar la *técnica de la cadena* (capítulo 4) para relacionarlo con estar lúcido. De este modo la próxima vez que sueñes con ello lo recordarás y serás consciente de que estás durmiendo.

Permanecer en el sueño lúcido

Uno de los problemas más comunes al hacerse consciente dentro de un sueño es que, por la excitación de la experiencia, terminas despertando. Es bastante normal que ocurra las primeras veces, pero al final acabarás disfrutando de sueños lúcidos suficientemente largos como para saborear la experiencia. Algo que me ha resultado bastante efectivo es, cuando estés notando que el sueño se esté desvaneciendo, sentarte en el suelo —dentro del sueño— e incluso tocar la superficie con las manos, concentrándote en las sensaciones que te provoque: frío, rugosidad, etc. De esta forma es posible aferrarse al sueño y seguir durmiendo.

En todo caso, cuando por accidente te despiertes de un sueño lúcido, puedes volver al sueño si te quedas quieto con los ojos cerrados y, antes de despertarte del todo, te concentras en lo último que estabas soñando. Solo tienes que recordar lo que estabas viendo, o experimentando en el sueño antes de despertarte y es bastante probable que puedas volver a él si consigues no desvelarte demasiado.

También sucederá con bastante frecuencia que estando en un sueño lúcido nos dejemos llevar por él dejando de ser conscientes. En mi opinión esto puede suceder porque estamos demasiado cansados y dormimos demasiado profundamente. De hecho he comprobado que los sueños lúcidos ocurren más frecuentemente en épocas de muy poco estrés, como en vacaciones.

Qué hacer en un sueño lúcido

Las primeras veces que consigas tener un sueño lúcido vas a disfrutar simplemente explorando a tu alrededor, apreciando las distintas sensaciones, o admirando el fantástico escenario en el que te encuentres. Después vas a intentar tomar control: volar, transformar el entorno, visitar sitios, encontrarte con amigos o personajes famosos, incluso puedes toparte contigo mismo o con múltiples copias de ti. Las posibilidades son infinitas. Eso sí, cuanto más alocado se vuelva el sueño, más probabilidad existe de perder la lucidez o de despertarse. Así que ve complicando los sueños poco a poco.

Los onironautas más avanzados pueden sacar mucho más partido a sus sueños lúcidos. Es posible, por ejemplo, plantear preguntas al inconsciente para tratar de conocernos mejor a nosotros mismos. O bien podemos usar la creatividad de nuestro cerebro para resolver problemas, o para encontrar inspiración para nuestro trabajo artístico.

Sigue investigando

Con esto tienes información suficiente para empezar a experimentar con los sueños lúcidos, pero te recomiendo que sigas leyendo sobre el tema, buscando información por Internet, viendo documentales, etc., ya que, como he comentado antes, esto también aumentará la probabilidad de tener uno de estos sueños.

No desesperes si tardas un poco en tener tu primer sueño lúcido, o si te despiertas justo al ser conscientes del sueño,... Es cuestión de práctica. ¡Ánimo y disfruta!

CAPÍTULO 4

MEMORIA

Casi todo el mundo suele lamentarse de la mala memoria que tiene y hasta para las cosas más sencillas —como la lista de la compra— recurren a escribirlas en papel por miedo a olvidar algo. Y además la situación va cada vez a peor, ya que los nuevos dispositivos móviles permiten anotar todo lo que necesita ser recordado: números de teléfonos, citas en la agenda, listas de tareas,... Hemos llegado a un punto en que no se hace el mínimo esfuerzo por recordar nada. El problema radica en que nadie nos ha enseñado a memorizar correctamente. Siempre he pensado que los métodos de memorización han sido una carencia de nuestro sistema educativo, por lo que los jóvenes acaban estudiando cientos de nombres, fechas y otros datos con la única técnica que conocen: la repetición. Cuando aprendas las sencillas técnicas y trucos que te ofrezco en este capítulo te darás cuenta de cuánto tiempo has perdido usando métodos tan ineficaces como la simple repetición, y de lo divertido que es memorizar cosas usando las técnicas que te voy a presentar.

Al final del capítulo —quizás uno de los más prácticos de este libro— sabrás como memorizar fácilmente cosas como listas de la compra, tareas, números de teléfono, fechas, nombres de personas, etc. E incluso podrás usar estas técnicas para tus estudios o el trabajo, aprender idiomas, etc.

Si lees todo el capítulo seguido quizás te abrume tanta información. Te recomiendo que aprendas una de estas técnicas y de vez en cuando vuelvas a releer este capítulo. Es muy importante que recuerdes que tienes que utilizar solo aquello que te interese, y puedes cambiar los métodos como a ti te convenga, porque después de todo ¡éstas son herramientas para hacerte la vida más fácil! Y además creo que son divertidas de usar.

Conceptos básicos

Antes de entrar en materia te voy a explicar un "truco" que hará que tu memoria mejore en un 150 %: **prestar atención**. Te parecerá una tontería pero la mayoría de las veces que olvidamos algo es porque simplemente, cuando se suponía que teníamos que memorizarlo, no le dimos la atención necesaria. La mente funciona así: si no ponemos atención en algo ni siquiera se guardará en la memoria a corto plazo. Para demostrártelo solamente piensa en la última vez que te presentaron a una persona y al momento ¡ya habías olvidado su nombre! El problema está en que ni siquiera atendiste a su nombre y, por supuesto, no hiciste el esfuerzo de memorizarlo. ¡No le eches la culpa a tu "mala memoria"! Simplemente no has prestado atención al nombre y no has intentado memorizarlo. La próxima vez que te presenten a una persona presta atención conscientemente al nombre que te acaban de decir, incluso deberías repetirlo en voz alta al menos una vez en la conversación. De este modo recordarás más tarde el nombre con más facilidad. Más adelante te enseñaré como memorizar los nombres de las personas para siempre, pero sin la atención necesaria, cualquier técnica será inútil.

Otra habilidad que vas a tener que cultivar —pero no te preocupes porque va a ser muy divertido— es la imaginación. La memoria reside en nuestro inconsciente y como comprobarás, el lenguaje del inconsciente son las imágenes y las metáforas. La dificultad de memorizar datos como números, fechas y otros conceptos abstractos, consiste en que dichos conceptos a priori no guardan ninguna relación entre sí. Muchos trucos mnemotécnicos se basan en usar frases más o menos evocativas cuyas letras nos recuerden aquello que queremos memorizar. Por ejemplo, para memorizar la Ley de Ohm los estudiantes usan la frase *"Victoria, Reina de Inglaterra"*, que nos recuerda que *"el Voltaje es igual a la Resistencia por la Intensidad"* ($V = R \times I$). Este tipo de técnicas son un poco más eficaces que la mera repetición, pero siguen siendo inútiles para cosas más complejas como números, listas largas —de decenas o cientos de elementos—, etc.

Fíjate que las cosas más fáciles de recordar son las que podemos imaginar, sobre todo las que podemos visualizar en nuestra mente. ¿No te has preguntado nunca porque te resulta más difícil recordar un simple número de teléfono de solo 9 dígitos que el argumento completo de cientos de películas y libros que solo has visto o leído una vez? La razón es obvia: el número de teléfono es una sucesión de símbolos abstractos sin ningún significado, mientras que una historia es una secuencia de sucesos a los que podemos asociar imágenes y movimiento. Es muy fácil rememorar el argumento completo de una película que has visto hace poco, solo tienes que recordar más o menos como empezaba la película. El recuerdo de dicha escena te hará recordar la siguiente, y así hasta recordar toda la película, o al menos las partes más importantes —a las que prestaste más atención; recuerda lo que hemos hablado antes—. Entonces, ¿qué podemos hacer para memorizar un número de teléfono, por ejemplo? Muy sencillo: primero, dar significado a cada número y segundo, convertir esos significados en una especie de película. Ya explicaré más adelante con más detalle cómo se hace todo esto, solo adelantar que te será muy útil desarrollar tu imaginación.

Te daré algunas directrices para que ejercites tu imaginación: imagínate un objeto cualquiera —una mesa, por ejemplo—. Con ese objeto que tenemos en nuestra imaginación podemos hacer básicamente las siguientes cosas:

- Agrandar: imagínate que la mesa se hace tan grande como una casa y para usarla hay que escalarla y pasear hasta el centro de ella.
- Encoger: la mesa se hace tan pequeña que solo puedes poner un plato en equilibrio y tienes que agacharte desde tu silla para llegar a él.
- Multiplicar: de repente llueven mesas, o puedes imaginarte una montaña de mesas en la que se produce una avalancha.
- Desaparecer: en un salón lleno de mesas, éstas desaparecen, o estás comiendo y de repente desaparecen dos de las patas de la mesa quedando todo en equilibrio.
- Combinar: imagínate una persona con una mesa en la cintura, como si fuera un hula hoop, con unas patas tan largas que ni siquiera llega con las piernas al suelo.

Estas transformaciones se pueden usar de una en una o, mejor, aplicando varias a la vez. Aunque sin duda la técnica que más usarás para la memorización será la de combinar varios objetos en tu imaginación. Ésto será lo que te dará las llaves de una súper memoria.

Técnica de la cadena

Vamos a empezar con algo muy sencillo: memorizar una lista de objetos. Vamos a poner un ejemplo bastante común: una lista de la compra. Seguro que siempre has pensado que son difíciles de memorizar y siempre has llevado la lista escrita, pero ¿cuántas veces te has dejado la lista en casa? Por eso yo prefiero memorizarlo. Y es mucho más divertido.

Pongamos la siguiente lista de productos: leche, huevos, yogur, jamón, gel de ducha, patatas fritas, pilas, cepillo de dientes, arroz, cerveza.

Parece una lista muy larga. Pero realmente es un ejemplo muy básico, solo 10 objetos, y te aseguro que dentro de un rato podrás memorizar sin problemas listas de 20 elementos.

Entonces, ¿cómo vamos a memorizar esta lista? Vamos a usar una técnica llamada *encadenamiento*. Consiste en relacionar el primer elemento de la lista con el segundo, el segundo con el tercero y así sucesivamente. Cuando queramos recordar la lista completa pensaremos en el primer elemento y éste nos recordará automáticamente el segundo. Cuando pensemos en el segundo se nos vendrá a la mente el tercero y así hasta el final. Pero veámoslo en detalle:

Cojamos los dos primeros artículos de la lista: la leche y los huevos. Pues bien, tenemos que usar nuestra imaginación para crear una escena usando esos dos elementos. No te reprimas, usa la imagen más estrambótica que te venga a la mente. Cuanto más divertida, extravagante, provocadora, agresiva sea la imagen, mucho mejor. Por ejemplo, puedes imaginar a una vaca lechera poniendo huevos como si fuera una gallina, pero estos huevos son enormes, gigantes. Visualiza todos los detalles que puedas de esa imagen que tienes en la mente. Por ejemplo, dónde está la vaca; cómo es; qué colores tiene la vaca y los huevos; cómo reacciona la vaca. ¿Hace algún ruido? ¿Hay algún olor en la imagen? También es muy importante añadir movimiento a la escena. Todo esto te parecerán muchas cosas, puede parecer complicado, pero realmente solo te llevará un par de segundos, visualizas la primera imagen que se te venga a la mente, con todo el detalle que se te ocurra y listo. Y cuando lo hagas unas cuantas veces ni siquiera te llevará dos segundos, lo harás automáticamente.

Tomemos el siguiente artículo, el yogur. Ahora tenemos que *encadenar* los huevos con el yogur. Usa tu imaginación para combinar ambos objetos. Por ejemplo puedes imaginar que abres un huevo y en vez de clara y yema, sale yogur. Pero esta imagen es muy pobre y te costará recordarla. En cambio puedes pensar en un gallinero y una tarrina de cristal de yogur gigante que va rodando y está a punto de aplastar el gallinero, y las gallinas al verlo huyen aterrorizadas. Recuerda: cuanto más estrambótica sea la imagen mejor.

Siguientes: yogur y jamón. Un cerdo que en vez de patas tiene tarrinas de yogur. Visualízalo durante un instante y continúa.

Jamón y gel de ducha: una piara de cientos de cerdos haciendo cola para ducharse. Fíjate en lo feliz que parece el gorrino con gorro de baño y rodeado de cientos de pompas de jabón.

Gel y patatas fritas: imagina que en vez de ketchup, echas gel de ducha en las patatas fritas hasta cubrirlas y te las comes. Te entra hipo y te salen por la boca pompas de jabón.

Patatas fritas y pilas: ¿recuerdas el experimento de encender una bombilla usando una patata? Piensa en meter dos patatas en el mando de la tele, o un campo gigantesco de patatas que da electricidad a una ciudad entera.

Pilas y cepillo de dientes: un robot humanoide con pilas en vez de dientes que se los limpia usando un cepillo metálico. Oye como chirría.

Cepillo de dientes y arroz: ves miles de granos de arroz gigantes como edificios que se pierden en el horizonte y los tienes que limpiar todos con un pequeño cepillo de dientes.

Arroz y cerveza: al típico alemán le cambian su pinta de cerveza con una rebosante de arroz, del que intenta beber un gran buche pero se atraganta y empieza a toser granos de arroz.

¡Fin!

Ahora viene la parte en la que te quedas sorprendido. No mires la lista. Piensa en el primer elemento de la lista, que era la leche. ¿Qué se te viene a la cabeza? Piénsalo un momento y luego continúa leyendo.

...

¿Has recordado a la vaca? ¿Qué pasaba con la vaca? Exacto, ponía huevos. ¿Qué pasaba con los huevos? Deja que la imagen salte a tu mente automáticamente...

...

Habrás recordado la granja de gallinas y la tarrina gigante de yogur. Piensa ahora las tarrinas de yogur: ¿con qué estaban relacionadas?

...

Efectivamente, eran las patas de un cerdo ibérico. ¿Qué más hacían los cerdos? Coge papel y lápiz y repasa toda la cadena de imágenes e intenta escribir la lista de los diez artículos de la compra. Si te quedas atrancado en un objeto tal vez sea porque la imagen que hayas usado no sea adecuada. Quizás no sea una imagen lo suficiente interesante o estrambótica. También es importante el orden de aparición de los objetos en la escena. Por ejemplo, en la asociación del yogur con el jamón yo imaginé un cerdo con yogures en vez de pies. Tal vez te sea difícil de recordar el cerdo al pensar en el yogur —siendo más fácil la relación inversa: pensar en el cerdo y entonces recordar los yogures en sus pies—. Pero si en vez de usar la imagen que yo te he propuesto hubieras pensado en un vaso de cristal de yogur gigante lleno de cerdos apretujados, al imaginar el yogur te vendría más fácilmente la imagen de los cerdos —y por tanto, del jamón.

Seguramente habrás podido recordar la lista completa. No te preocupes si pierdes alguna relación entre objetos, si crees que la imagen no era la adecuada imagina otra mejor. Tampoco es necesario dedicar mucho tiempo a visualizar una imagen. Cuando tengas dos objetos concéntrate durante un instante en la primera escena que te venga a la imaginación y sigue memorizando así el resto de la lista. Con el tiempo verás que tu imaginación se está desarrollando y cada vez harás esto mucho más rápido y fácilmente.

Ahora fíjate qué curioso: piensa en el último elemento de la lista, la cerveza. Te vendrá automáticamente la imagen del anterior artículo: el arroz. Y si sigues la cadena te darás cuenta de que ¡puedes recordar la lista también en orden inverso! Además si piensas en uno de los objetos de la lista puedes decir el objeto que estaba antes y el que va después.

Te estarás preguntando que cómo te acordarás del primer artículo de la lista de la compra. Muy sencillo: encadena dicho artículo con la imagen del supermercado, o del carrito de la compra, o con lo que quiera que relaciones la compra. Por ejemplo, imagina una vaca enorme —relacionado con la leche, que era el primer elemento de la lista— encima del carrito de la compra y vestida de bebé. Cuando llegues al supermercado y cojas el carrito solo tienes que pensar en él y la imagen de la vaca vendrá a tu mente.

Como verás todo este proceso es muy sencillo y ni siquiera tienes que realizar ningún esfuerzo mental. Solo tienes que imaginarte una escena, y después, al recordar un elemento, la escena completa saltará de la memoria automáticamente. Es importante, si quieres recordar esta lista durante más tiempo, que la repases de vez en cuando. Es fácil porque lo puedes hacer mientras que paseas, te duchas, limpias la casa, etc.

Este sistema del encadenamiento lo podrás usar para muchas cosas, aparte de para la lista de la compra. Puedes memorizar con esta técnica las tareas o las citas que tienes a lo largo del día, objetos importantes que tienes que llevar al salir de casa —llaves, móvil, cartera,. . . — o al viajar —al hacer la maleta, números de vuelos,. . . —, y muchas más situaciones que se te irán ocurriendo.

Nombres de personas

Una de las aplicaciones más prácticas de la técnica de la cadena es la memorización de los nombres de las personas. Todos sabemos lo frustrante que es olvidar el nombre de la gente que vamos conociendo, y la mala impresión que da cuando tenemos que volver a preguntar a alguien su nombre. Sobre todo en el trabajo es muy útil poder recordar nombres de contactos, clientes, etc.

¿Pero cómo hacerlo? Imagina que en una fiesta te presentan a un médico llamado Eduardo. Lo primero que hay que hacer es transformar el nombre "Eduardo" en algo con lo que podamos trabajar —como siempre, algo concreto que podamos visualizar—. "Eduardo" a mí me suena como "guepardo", así que puedes imaginarte a un guepardo con una bata y un estetoscopio. Quizás te baste con recordar que el médico se llama Eduardo, pero también puedes relacionar a esa persona físicamente con este guepardo. Fíjate en algo particular. Quizás sea calvo o tenga un bigote característico, o una mancha en la piel,... Tienes que buscar algo que te llame la atención de él. Cuando encuentres ese particularidad que te llame la atención de su físico encadénalo con el guepardo-médico. Si Eduardo es una persona calva, imagínate al guepardo auscultando un globo gigante.

También puedes observar si esa persona te recuerda físicamente a un conocido tuyo o a alguien famoso para usar esa relación. O si lleva cualquier tipo de joya, como anillos, piercing, etc. Si tiene un color de ojos o cabello muy particular puedes aprovecharlo también. Si es pelirroja puedes relacionar su nombre con un tomate, rosas rojas, sangre, etc. Usa tu imaginación.

Técnica de los lugares

La técnica de encadenamiento es la base de todos los métodos de memorización, pero por sí sola es poco potente. Imagínate que tienes una lista muy grande de objetos y quieres recordar uno que esté por la mitad de la lista, con el método de la cadena tendrías que repasar la lista desde el principio, de uno en uno, hasta llegar al que quieras. Sería muy interesante poder ir directamente a la posición que queramos para recordar el objeto que nos interesa.

Una de las primeras técnicas de memorización que se inventaron fue el método de *loci* (que significa "lugares" en latín). Consiste en pensar en un lugar —como tu propia casa— y encadenar cada objeto que quieras imaginar con una parte de ese lugar. Al entrar en mi casa hay un espejo, pues encadenaría el espejo con el primer elemento de la lista que quiero memorizar. En el ejemplo de la lista de la compra encadenaría en mi imaginación el espejo con la vaca —que simboliza la leche—. Recorriendo mi casa en un orden determinado, iría después a la cocina —y encadeno el horno con los huevos—, luego al salón —memorizo televisión y yogur—, después a mi dormitorio, cuarto de baño, etc. encadenando un objeto de cada habitación con otro de la lista. Ahora, si quiero recordar el cuarto elemento visualizaría mentalmente mi dormitorio —que es la cuarta habitación— y me vendría a la memoria el objeto que encadené allí. Éste es un caso muy simple, pudiéndose complicar mucho más. Podrías tener en cada habitación varios objetos para poder enlazar. En la entrada de mi casa hay un espejo, un perchero y un zapatero, por lo que podría enlazar la leche con el espejo, los huevos con el perchero, y el yogur con el zapatero. Y lo mismo con el resto de las habitaciones. De este modo se pueden memorizar muchísimos más elementos.

Pero no tienes por qué limitarte a un sitio cerrado, puedes hacer lo mismo con los lugares que hay de camino al trabajo, o cualquier otra ruta con la que estés familiarizado. Es más, tampoco tienes que limitarte a sitios reales, puedes crear lugares imaginarios que solo existan en tu mente, con los objetos que tú quieras. Este método se suele llamar *palacio de la memoria*. Otra ventaja de estos métodos es que si no consigues recordar un objeto en concreto, como el siguiente no está encadenado a él, puedes seguir recordando el resto de la lista repasando los siguientes lugares.

Una forma sencilla de usar este método es el siguiente: imagina una habitación vacía. Dentro de esta habitación vas a distribuir 10 objetos relacionados con un tema concreto, cada uno en un lugar de la habitación: uno en el centro y el resto distribuidos en las paredes y las esquinas. Por ejemplo, si te gusta la música imagina una habitación relacionada con ella: en el centro hay un micrófono, al entrar a la derecha hay una guitarra, en la esquina hay un contrabajo, en la siguiente pared hay un teclado, en la siguiente esquina hay una pandereta, en la pared del fondo hay una batería, etc. Puedes usar esta habitación para recordar la lista de 10 objetos que quieras. Y puedes crear tantas habitaciones como necesites. Igual que antes podrías complicarlo un poco más poniendo alrededor de cada objeto 4 objetos más relacionados con éste. Alrededor de la guitarra eléctrica podrías poner su amplificador, el cable, una púa, y la funda de la guitarra. Así por cada habitación es posible memorizar hasta 50 objetos.

Te recuerdo que estos métodos son para que los

uses como quieras. Empieza usando sistemas sencillos y más adelante los puedes complicar o simplificar tanto como lo necesites.

Números

A estas alturas ya te será muy sencillo memorizar listas de objetos. ¿Pero qué pasa con los números? Éstos son más complicados de memorizar porque son abstractos. A priori no hay forma de dar significado o acción a un número —como el 3, o el 8, o el 62—, para poder encadenarlo con la imaginación. Entonces lo primero que hay que hacer es dotar de una imágenes a cada número. Por ejemplo, para los dígitos del 0 al 9 podríamos usar:

- El 0 recuerda claramente un aro, como el *hula hoop* con el que juegan los niños.
- El 1 parece un militar en posición firme y haciendo el saludo típico con la mano en la visera.
- El 2 siempre ha sido el patito.
- El 3 me recuerda los triciclos.

- El 4 puede ser una mesa (cuatro patas) o un coche (cuatro ruedas).
- El 5 parece una persona gorda y me trae a la mente la imagen de un buda.
- El 6 es una cuchara doblada.
- El 7 es la hoz que lleva la parca que simboliza la muerte.
- El 8 parece unas gafas.
- Y el 9 es el periscopio de un submarino.

Si hay algún número que te evoque otro objeto ¡úsalo! Yo solo te doy unas recomendaciones: eres tú el que tiene que elegir lo que mejor te funciona.

Ahora imaginemos un número de teléfono:

687632587

Dado que todos los números de móvil comienzan con 6 podríamos olvidarlo a la hora de memorizar, pero como esto es solo un ejemplo sigamos con él. Ahora empecemos a memorizar los números tal y como lo hicimos con la lista de la compra:

Primero tenemos el 6 y el 8, o sea, la cuchara y las gafas. Puedes imaginarte una persona con dos cucharas, una en cada ojo, o una persona que intenta comer una sopa con sus gafas,…

El 8 y el 7: gafas y hoz. La muerte leyendo un libro con unas grandes gafas de esas que tienen nariz y bigote.

7 y 6, hoz y cuchara: la muerte intentando segar un campo con una cuchara sopera gigante.

6 y 3, cuchara y triciclo: un niño en un triciclo intentando salir de una cuchara gigantesca, pero resbala y vuelve al fondo.

Continúa tú mismo con el resto de los números. Prueba ahora a recordar toda la lista empezando por el 6. Sé lo que estás pensando ahora: en el número de teléfono hay dos seises ¿como sabrás que después del primer seis viene el ocho y no el tres? Sorprendentemente tu cerebro lo sabrá. Como descubrirás a lo largo del libro, tu inconsciente sabe más lo que parece y sabrá distinguir correctamente el número que corresponda en cada momento. Compruébalo.

En vez de ir asociando los elementos de dos en dos podrías coger varios objetos y encadenarlos con una misma historia. Imagínate un tipo que tiene cucharas (6) en los ojos a modo de gafas y está comiendo estofado con unas gafas (8), se atraganta y aparece la muerte para llevárselo (7), pero el hombre coge una cuchara grande y afilada como una espada (6), se la clava a la muerte y sale huyendo en un triciclo (3), pero tiene que parar de un frenazo porque un pato está cruzando la carretera (2), etc. Usando esta técnica no tendrás problemas con saber cuál va antes o después porque irás recordando la historia siempre en orden. Esta misma técnica la puedes usar para las listas de objetos que vimos en el apartado anterior. Con la práctica verás que imaginarte escenas o historias se convertirá en una segunda naturaleza para ti y lo harás instantáneamente.

Método fonético

Con el método anterior, para un número de más de un dígito como 587 en principio necesitaríamos 3 objetos. ¿Y si hubiese una forma de convertir ese número de 3 dígitos en una sola palabra para poder encadenarlo? Usar un objeto por cada dígito es muy poco eficiente, porque solo estamos usando combinaciones de únicamente diez objetos cuando tenemos miles y miles de palabras en nuestro idioma. Por tanto vamos a mejorar el sistema:

Primero demos a cada dígito una letra o sonido (fonético). Éstas son las que yo uso:

- Para el ceRo usaré la R o RR.
- Para el uNo la N o la Ñ
- Para el Dos la D.
- Para el Tres la T o la P.
- Para el Cuatro la C, pero también la K y la Q, porque tienen sonidos idénticos.
- Para el cinco la L y la LL (o la Y). Piensa que cincuenta en números romanos es L, y que si quieres escribir la L en un mensaje de texto en el móvil tienes que pulsar la tecla del 5.
- Para el Seis la S, la X o la Z. También la C cuando suena suave —como en "cena".
- Para el siete la J (que se parece a un 7), la G (sonido parecido a la J) y la F (que parece un 7 al revés).
- Para el oCHo el sonido CH.
- Y para el nueVe la V y la B.

Ahora, usando estas letras podemos convertir los números en palabras que podremos visualizar de forma similar a como hicimos anteriormente. Para ello usaremos las consonantes de cada dígito y las acompañaremos con vocales para formar una palabra. Por ejemplo, para el número 137 tendríamos las letras NTJ, con la que podríamos formar la palabra aNTeoJo. De esta forma para memorizar el 137 imaginaremos unos anteojos y, al contrario, cuando pensemos en un anteojo nos recordará el número 137. Observa que para memorizar el mismo número con el método anterior tendríamos que encadenar en nuestra mente tres objetos: un aro (1), un triciclo (3) y una hoz (7).

Volvamos al ejemplo del número de teléfono, el 687632587. Con dicho número podemos ir formando palabras tal que así:

- 6 - oSo
- 87 - CHuFa
- 632 - eSTaDo
- 58 - LeCHe
- 7 - oJo

Quizás a ti se te ocurran otras palabras agrupando los números de otra forma, o formando otras palabras con las letras. Por ejemplo, con los tres últimos números, 587, se podría formar LeCHuGa, con lo que nos ahorraríamos una palabra. De esta forma, para memorizar ese número de teléfono solo tendríamos que imaginar una historia con solo cuatro objetos, cuando con el método anterior teníamos que usar nueve objetos y siempre eran los mismos para cada dígito.

Grandes listas ordenadas

Recordemos el método de los lugares: era bastante potente porque podías ir directamente al lugar que quisieras y recordar lo que dejaste allí. El único inconveniente es que es muy complicado relacionar cada lugar con su número de orden. Además es difícil imaginar con el detalle necesario lugares lo suficientemente extensos para poder memorizar listas muy grandes. Pero ahora que hemos aprendido el método fonético podemos usar los números igual que usábamos los objetos de las habitaciones en el método de los lugares. De esta forma combinaremos todos los métodos anteriores para conseguir alcanzar todo el potencial de nuestra memoria. Veamos cómo.

En primer lugar lo ideal es que tengas memorizadas palabras para todos los números del 0 al 99, lo cual es sencillo porque el propio número te da directamente las letras que forman la palabra. Por ejemplo, estos son los objetos que yo uso para los números del cero al nueve:

- Para el cero (R) uso el aRo, al igual que antes, porque encaja a la perfección.
- Para el uno (N, Ñ) pienso en Neo, el protagonista de la película "Matrix". Fíjate que, además, la palabra Neo se relaciona perfectamente con el número uno porque significa el único, el primero, etc. Muchas persona prefieren usar Noé para el uno.
- Para el dos (D), como ya he dicho, uso la imagen de un haDa madrina, como la de las películas de Disney.
- Para el tres (T, P) pienso en una Tea (una antorcha) —quizás te resulte difícil esta palabra para recordarla. Cuando yo empecé a usar estas técnicas cambié esta palabra por otra más común, pero pasado un tiempo volví a usar "tea" porque me funcionaba muy

bien. Como siempre, puedes adaptar las palabras a tus preferencias.

- Para el cuatro (C, K, Q) imagino una oCa.
- Para el cinco (L, LL, Y) pienso en una oLa gigante, como un tsunami en una playa paradisiaca.
- Para el seis (S, X, Z, Ce) pienso en un oSo.
- Para el siete (J, G, F) veo un oJo gigante.
- Para el ocho (CH) pienso en un haCHa.
- Para el nueve (V, B, P) imagino una Boa constrictor enorme.

Retomemos el ejemplo de la lista de la compra: leche, huevos, yogur, jamón, gel de ducha, patatas fritas, pilas, cepillo de dientes, arroz, cerveza.

Pues bien, memorizar ahora la lista de la compra es extremadamente sencillo. La leche sería el primer artículo, por lo que lo "encadenaríamos" como ya sabemos con el número 0. Por tanto tendríamos que enlazar imaginariamente ARO con LECHE. El siguiente artículo eran los HUEVOS, que tendríamos que relacionarlo con NEO (1). Después

YOGUR con HADA (2). Y así sucesivamente memoriza toda la lista de la compra, encadenando cada artículo con la palabra asociada a su número de orden.

De esta forma recordar el elemento número seis de la lista es tan fácil como pensar en OSO. Sencillo ¿verdad?

Para recordar listas más grandes solo tenemos que añadir palabras claves para más números. Veamos a continuación mis palabras clave para los números del 10 al 19:

- 10 - NoRia
- 11 - eNaNo
- 12 - NuDo
- 13 - NaTa
- 14 - iNCa (una persona de la antigua cultura suramericana)
- 15 - NiLo (el río)
- 16 - NaSa (la agencia espacial norteamericana)

- 17 - eNoJo (pienso en un niño llorando)
- 18 - NoCHe
- 19 - NuBe

Todas estas palabras tienes que memorizarlas pero, como ya he comentado, no es nada complicado pues se relacionan con las letras asociadas a los números. Cuando veo el nueve, pienso automáticamente en el sonido de las letras V y B, y eso me recuerda que mi palabra clave para el nueve es Boa. Es instantáneo. Y si hay alguna palabra que no te guste o no te sugiera ninguna imagen interesante cámbiala por otra que te agrade más, siempre que cumpla las reglas y use las letras relacionadas con cada dígito para que te sea fácil de recordar luego. Con estas palabras claves ya puedes memorizar hasta 20 palabras. Haz la prueba: coge 20 palabras al azar y numéralas del 0 al 19. Memorízalas usando este método y luego prueba a recordar la palabra de una posición en concreto. O intenta recordar en qué posición estaba una palabra. Finalmente puedes volver a escribir la lista de memoria hacia adelante o hacia atrás.

Pero ¿por qué pararnos en las 20 palabras? ¿Por qué no intentar memorizar 100? A continuación te daré la lista completa de mis 100 palabras clave:

0 - aro
1 - Neo
2 - hada
3 - tea
4 - oca
5 - ola
6 - oso
7 - ojo
8 - hacha
9 - boa
10 - noria
11 - enano
12 - nudo
13 - nata
14 - inca
15 - Nilo
16 - NASA
17 - enojo
18 - noche
19 - nube
20 - hedor
21 - duna
22 - dado
23 - dato
24 - dique
25 - Dalí
26 - deseo
27 - daga
28 - ducha
29 - diva
30 - torre
31 - tina
32 - atado
33 - teta
34 - taco
35 - tela
36 - taza
37 - teja
38 - techo
39 - tubo
40 - corro
41 - cuna
42 - codo
43 - capa
44 - coco
45 - cola
46 - casa
47 - caja
48 - coche
49 - cubo
50 - lira
51 - luna
52 - helado
53 - lata
54 - loco
55 - lila
56 - lazo
57 - alga
58 - leche
59 - lava
60 - sierra
61 - cena
62 - seda
63 - seta
64 - saco
65 - silo
66 - seso
67 - soga
68 - acecho
69 - cebo
70 - jarra
71 - fauna
72 - fideo
73 - foto
74 - foca
75 - fila
76 - foso
77 - faja
78 - ficha
79 - fobia
80 - churro
81 - chino
82 - echado
83 - Chita
84 - cheque
85 - chal
86 - choza
87 - chef
88 - chacha
89 - chivo
90 - barro
91 - vino
92 - vado
93 - bote
94 - vaca
95 - bala
96 - buzo
97 - bajo
98 - bicho
99 - baba

Cuando te hayas familiarizado un poco con esta lista (y verás que leyéndola un par de veces ya empezarás a grabarla en tu mente), empieza a ponerte a prueba a ti mismo y a experimentar. Por ejemplo, pídele a algún amigo que escriba en un papel 50 palabras numeradas. Léelas, memorízalas y devuelve el papel a la otra persona. Ahora pídele que pregunte un número y dile exactamente a qué palabra corresponde. O que te pregunte por una palabra y le podrás decir la anterior y posterior a ésta. Finalmente puedes recitar todas las palabras hacia adelante o hacia atrás. Solamente con esta demostración dejarás boquiabierto a cualquiera. Y si no te sientes lo suficientemente seguro para hacerlo con 50 prueba solo con 20, que ya es bastante impresionante. ¡Con práctica podrás hacer lo mismo hasta con 100 palabras!

Aplicaciones prácticas

Ya te he presentado varios casos en los que te van a ser muy útiles las técnicas que he explicado en este capítulo, pero voy a darte más ejemplos:

Con la técnica de la cadena puedes memorizar discursos, charlas o presentaciones, lo que te permitirá no tener que consultar los apuntes todo el rato. Usando la técnica de los lugares sería muy sencillo: imagina un paseo que hagas a menudo, y encadena cada palabra o concepto clave con lugares especiales de ese camino como edificios, monumentos, fuentes, parques, etc. Para recordar el discurso solo tienes que pasear mentalmente por esos sitios, siempre en el mismo orden, e irás recordando los temas de la charla.

También he usado estos métodos para memorizar temarios de asignaturas, cuando tenía que estudiar para un examen. Con la técnica del palacio de la memoria puedes crear para cada materia una habitación distinta, y enlazar con cada objeto de la habitación un tema, y el resto del contenido lo memorizas encadenándolo a dicho tema, o creando para él su propia habitación. También podrías usar las palabras claves del 10 al 19 para memorizar el primer tema, del 20 al 29 para memorizar el segundo, etc.

Te recuerdo que estas técnicas son muy eficaces para recordar todo lo que necesites, pero si quieres que lo memorizado se quede en tu memoria durante mucho tiempo tendrás que repasarlo algunas veces hasta que se quede bien grabado para siempre. Con el tiempo te darás cuenta de que cuanto más practiques, más fácil y rápidamente memorizarás y recordarás, y al final se convertirá en algo tan natural para ti como respirar.

CAPÍTULO 5 EXPERIMENTOS

En mis actuaciones realizo experimentos en los que leo la mente de las personas, influyo en las decisiones, acciones, y sensaciones del público. No hay nada mágico en cómo lo hago, simplemente uso mis cinco sentidos, y ciertos conocimientos, para crear la ilusión de un poder sobrenatural. Y también, por supuesto, juega un papel muy importante la intuición. Desarrollar todas estas habilidades y conocimientos lleva años de estudio y trabajo, pero las demostraciones que voy a presentar a continuación son muy sencillas.

Con estos experimentos podrás entretener y divertir a tus familiares y amigos. Pero también servirán para sorprenderte a ti mismo, porque podrás comprobar cómo funcionan nuestra mente y nuestro cuerpo.

Por último, y antes de entrar en materia, debo pedirte que tengas en cuenta ciertas consideraciones:

- Algunas de estas demostraciones se basan en algún secreto. Ya que nuestro objetivo es entretener, divertir, etc., no tiene sentido que después de ilusionar a algún amigo le arruines la experiencia contándole cómo lo has hecho. Te puedo asegurar que cuando veo a compañeros mentalistas o ilusionistas prefiero quedarme con la sensación que me produce su actuación, antes que conocer sus secretos o sus "trucos". De hecho, lo normal es que te encuentres a gente que **no** quiera que le expliques cómo lo has hecho, así que por respeto a ellos no lo cuentes.
- Ten en cuenta que algunas de las técnicas que voy a mostrarte a continuación son en

esencia las mismas que usan supuestos adivinadores y psíquicos para demostrar sus "poderes". Por lo que no deberías subestimarlos. En algún momento puede que te encuentres con una persona que piense que de verdad tienes habilidades sobrenaturales. Por favor, no te aproveches de ello. Explica que lo que haces es solo una forma de arte, y que igual que en el cine, solo realizas ilusiones como entretenimiento.

- Como estamos trabajando con personas, y los humanos somos casi impredecibles, habrá veces que alguna de las demostraciones fallará. No pasa nada: ni siquiera el mejor jugador de baloncesto encesta todos los tiros libres. Deja claro a tus amigos que son solo experimentos que, además, requieren de cierta concentración y disposición por parte de ellos.

Adivinación del pensamiento

Quizás te resulte familiar el siguiente juego. Haz lo siguiente:

- Piensa un número del 1 al 10 (ambos incluidos).
- Multiplica el número por 9.
- Suma ambos dígitos del número. Por ejemplo, si el número que tienes ahora en la mente es 71 suma $7 + 1 = 8$.
- Réstale 5.
- Ahora convierte el número que tienes ahora en la cabeza en la letra que le corresponda. Así 1 es A, 2 es B, 3 es C, etc.
- Elige un país que empiece con esa letra.
- Con la siguiente letra del abecedario, piensa un animal.
- Piensa en el color de ese animal.
- Ahora imagínate el país, el animal y el color, y visualízalo con claridad en tu mente.

Deja que lea tu mente...

¡Veo un elefante gris en Dinamarca!

La explicación de este juego es muy sencilla, pero no te dejes engañar por esa sencillez: el efecto es muy impactante si se presenta de forma correcta. Lo que engaña es la sensación de libertad que tiene la persona, elige una número cualquiera (de hecho puede ser mayor que diez), luego un país y finalmente un animal. Sin embargo, mediante un ardid matemático estamos obligando a elegir la letra "D". Todo se basa en una propiedad de todos los números que son divisibles por 9: si sumas sus dígitos sucesivamente hasta quedarte con un solo dígito, éste siempre será 9. Así que si sigues las instrucciones anteriores siempre llegarás a la letra "D" sea cual sea el número elegido inicialmente.

Ahora bien, solo hay unos cuantos países que empiecen por dicha letra: Dinamarca, Dominica y muy pocos más. Y normalmente una persona elegirá aquello con lo que esté más familiarizado. En este caso Dinamarca. Con el animal sucede lo mismo, pues hay pocos animales que empiecen por "E": elefante, emú,...

Así pues, si le pides a alguien que realice las mismas acciones que realizaste tú hace un momento también acabará pensando en un elefante gris en Dinamarca.

Probemos otro experimento. Haz las siguientes operaciones tan rápido como puedas usando solamente la cabeza, sin calculadora:

- ¿Cuánto es $7 + 4$?
- ¿Y $16 + 3$?
- ¿Y $33 + 17$?
- ¿Y $34 + 8$?
- Ya queda poco... ¿Cuánto es $76 + 7$?
- Piensa ahora mismo una herramienta y un color.

Concéntrate bien...

¿Estás pensando en un martillo rojo?

En las condiciones adecuadas un gran porcentaje de la gente va a pensar "martillo rojo". Lo fundamental es desviar la atención de la persona de tal manera que no se dé cuenta de que tiene distintas opciones, sino que se limite a pensar en cuestiones que debe responder deprisa. Así, en el momento en el que le pidamos que piense rápidamente una herramienta y un color pensará lo primero que se le venga a la cabeza. ¡Pruébalo! Lo puedes hacer incluso por teléfono o chat.

¿En qué mano?

Una de las demostraciones que suelo hacer ante el público es adivinar en qué mano esconde alguien una moneda. Con práctica es posible hacerlo observando el lenguaje corporal, pero el método que te voy a enseñar es muchísimo más sencillo.

Pide a un amigo que saque una moneda. Date la vuelta para no ver nada, y pídele que ponga la moneda en una de sus manos y cierre el puño. Dile que, aunque tenga la mano cerrada, en su mente tiene que seguir visualizando la moneda. Para ello pídele que levante la mano por encima de su cabeza y se imagine la moneda como si la estuviera viendo a través de su mano como si tuviese rayos X. Tiene que seguir con la mano levantada mirando la mano hasta que de verdad sea capaz de ver en su mente cada detalle de la moneda. Cuando lo haya hecho pídele que ponga ambas manos cerradas delante suya porque te vas a dar la vuelta. Cuando te des la vuelta solo con ver sus manos sabrás cuál tiene la moneda. ¿Cómo? ¡Muy sencillo! La moneda estará en la mano más pálida. Esto es debido a que, al tener la mano levantada sobre la cabeza, la sangre bajará por lo que dicha mano estará más blanquecina que la otra.

Por lo tanto hay que conseguir dos cosas: que la persona esté el suficiente tiempo con la mano en la que tiene la moneda levantada; y segundo, que en cuanto baje la mano hay que volverse para mirar sus manos lo antes posible, antes de que vuelva a recuperar su color. Evidentemente la excusa de que imagine la moneda como si la viera a través de rayos X es solamente una justificación, pero no por ello debes subestimar su importancia. Es primordial que la persona haga exactamente lo que queremos, así que debes dar instrucciones claras, e incluso puedes ilustrar con mímica lo que él tiene que hacer, haciéndolo tú mismo mientras estás de espalda.

Prueba de sugestión

Ésta es una prueba muy típica de sugestión que suele usarse antes de inducir la hipnosis en un sujeto. Con esto por sí solo no vas a poder llegar a hipnotizar, pero podrás demostrar cómo la sugestión y la imaginación pueden influir en las personas.

Pide a alguien que extienda ambos brazos delante suya, a la altura de sus hombros. La mano derecha palma abajo y la mano izquierda palma hacia arriba. Ahora debe cerrar los ojos, relajarse, e imaginar todo lo que le vas a describir a continuación. Dile que visualice en su mente un enorme globo atado a su muñeca derecha, que note cómo la cuerda tira del brazo hacia arriba con mucha fuerza. En su mano izquierda debe imaginarse un gran libro, como una enciclopedia enorme y muy pesada. Pídele que siga imaginando esas fuerzas sobre sus brazos, pero ahora en vez de un globo hay dos grandes globos tirando de su brazo hacia arriba, tan fuertemente que su brazo derecho empieza a elevarse. Y en su mano izquierda ahora hay otro libro más. Dos libros grandes y pesados que apenas puede sostener. Que sienta en su mente la carga de los libros en su mano izquierda y los globos elevando la mano derecha. Dale tiempo y asegúrate de que realmente está visualizando todo lo que le estás contando. Sigue explicándole que cada vez hay más y más globos, y más y más libros. El doble que antes, diez veces más que antes, etc. Cuando creas que es suficiente dile que abra los ojos y mire sus brazos. Verá como sus manos, que antes de cerrar los ojos estaban a la misma altura, ahora están separados: la mano derecha estará mucho más arriba que la mano izquierda.

Puedes probarlo tú ahora mismo. Deja el libro a un lado, extiende las manos, cierra los ojos y empieza a imaginar todo lo que te he explicado. Cuando vuelvas a abrir los ojos te llevarás una sorpresa.

Con algunas personas funcionará más y con otras menos, dependiendo de cómo de serio se lo tomen, y de si hacen lo que les pides, imaginándose realmente lo que les vas describiendo.

Péndulo

Seguro que has visto usar, o incluso tú mismo has usado alguna vez, un péndulo. Es un instrumento que uso frecuentemente en mis actuaciones. Si alguna vez entras en una tienda esotérica encontrarás péndulos de distintas formas y materiales, de manera que cada uno, supuestamente, funciona para un propósito específico. Se suelen usar para encontrar objetos o personas, adivinar el sexo de los bebés antes de nacer,... pero nada de esto tiene una base real.

El primero en estudiar la verdad del funcionamiento de los péndulos fue el químico francés Michel Eugène Chevreul, que vivió en el siglo XIX. Por aquel entonces muchos científicos usaban péndulos para realizar análisis químicos. Chevreul demostró mediante pruebas de doble ciego[4], que dichos análisis eran correctos en tanto en cuanto el operador del péndulo supiera consciente o inconscientemente el resultado que debería salir en el experimento. De este modo comprobó que el movimiento del péndulo se produce por la acción del inconsciente de la persona que sostiene el péndulo.

Fabricar un péndulo es tan sencillo como colgar un peso de un hilo, cordón o cadena. Como peso pue-

[4]El doble ciego es una metodología de experimentación cuyo objetivo es paliar el efecto placebo y el sesgo del observador. Es una herramienta muy importante del método científico. En un experimento de doble ciego ni el investigador, ni el sujeto a estudiar tienen los datos del experimento, de forma que no pueden influir en el resultado.

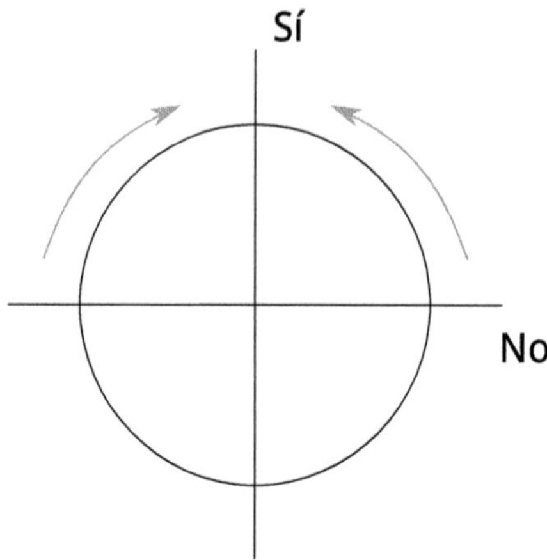

Figura 1: Dibuja este diagrama en un papel.

des usar una llave, anillo, tuerca,. . . Y el hilo debe tener una longitud alrededor de los 25 centímetros. Para esta demostración dibuja en un papel un diagrama como el de la figura 1: un círculo y dos líneas perpendiculares. Siéntate en una mesa, sujeta el extremo del péndulo entre el dedo índice y el pulgar, y apoya el codo para estar más cómodo. Coloca el papel con el diagrama sobre la mesa, de tal modo que el péndulo esté justo encima del punto central de la figura.

Concéntrate en la línea horizontal del diagrama, e imagínate cómo el péndulo comienza a moverse de izquierda a derecha. Verás que lentamente el péndulo comienza a moverse. Este movimiento se irá haciendo poco a poco más amplio. Mientras el péndulo está oscilando de izquierda a derecha fíjate ahora en la línea vertical, y visualiza en tu mente cómo el péndulo empieza a cambiar de dirección para moverse de arriba a abajo. Igual que antes comprobarás que realmente el péndulo va a hacer lo que estás imaginando. Cuando hayas conseguido mover con éxito el péndulo horizontal y verticalmente prueba ahora a moverlo en círculos, primero en un sentido y luego en otro. Cuando quieras parar también podrás parar el péndulo con la mente de la misma forma.

Seguro que esta manera de controlar el inconsciente te resultará familiar, pues es la misma técnica que usamos en la prueba de sugestión de la página 77, y es una prueba más de cómo nuestros pensamientos influyen en nosotros, incluso en nuestro cuerpo.

El péndulo puede servir para contestar preguntas asignando un significado a cada movimiento posible del péndulo. Por ejemplo "sí" para el movimiento vertical, "no" para una oscilación horizontal y "no lo sé" para el movimiento circular. Aunque como expliqué anteriormente, el péndulo solo podrá contestar aquellas cuestiones que nosotros mismos sepamos las respuestas, consciente o inconscientemente. Y esto último es lo importante, ya que en teoría podríamos usar el péndulo para contestar preguntas con el inconsciente. Estas respuestas no serían muy fiables porque, como ya expliqué en este libro, la mente inconsciente es muy vulnerable a las sugestiones del entorno, los prejuicios, etc. Por ello es aconsejable replantearse las decisiones importantes que tomamos, en distintos momentos y lugares, antes de tomar una resolución en firme, para que las sugestiones del momento y del lugar no nos afecten.

Sin embargo puedes probar a usar el péndulo para resolver cuestiones más intrascendentes, por ejemplo, para encontrar un objeto perdido. Vamos a suponer que este objeto no está realmente perdido, sino que hemos olvidado dónde está, de forma que esa información puede que sea accesible de alguna forma por nuestra intuición. Dibuja en un papel un croquis de tu casa (o de cualquier sitio en el que creas que pueda estar) y coloca el péndulo encima. Imagina el objeto, concéntrate en él, y observa los movimientos del péndulo. Verás que con el tiempo el péndulo empezará a moverse en una dirección. Mueve el péndulo en esa dirección poco a poco hasta que el péndulo pare o empiece a moverse en círculos. Ahí debería estar el objeto. Como ya he dicho anteriormente, el que salga bien o mal este experimento depende de nuestra concentración y de las sugestiones a las que estemos expuestos en ese momento —si tenemos hambre, por ejemplo, quizás el péndulo nos dirija a la nevera.

Lecturas

Una de las demostraciones más antiguas del mentalismo es la adivinación de datos sobre una persona de la que en principio no sabemos nada. Es lo que llamamos lecturas y hay de diversos tipos: desde la típica lectura de las palmas de las manos o las cartas del Tarot, hasta prácticas más exóticas como la lectura de huesos o entrañas de animales. Muchas veces estas lecturas tienen una apariencia más científica como la grafología, pero ninguna de ellas tiene una base real. Los más expertos incluso son capaces de leer a las personas simplemente observándolas. A estos medios de adivinación se les denomina oráculos.

En las lecturas, entran en juego una serie de fenómenos psicológicos tan complejos que sería imposible explicar en detalle, pero el principio más fundamental es el *efecto Forer*.

En 1948, el psicólogo Bertram R. Forer anunció a sus alumnos que había desarrollado un sistema que era capaz de analizar la personalidad mediante una prueba. Para demostrarlo les pidió que realizaran un test y al cabo de unos días le entregó a cada uno de ellos el resultado, pidiéndoles que puntuaran de 0 al 5 la exactitud del análisis. El promedio fue de 4,26. Lo que el profesor Forer reveló posteriormente es que cada uno de ellos había recibido exactamente el mismo resultado:

> «*Tienes la necesidad de que otras personas te aprecien y admiren, y sin embargo eres crítico contigo mismo. Aunque tienes algunas debilidades en tu personalidad, generalmente eres capaz de compensarlas. Tienes una considerable capacidad sin usar que no has aprovechado. Tiendes a ser disciplinado y controlado por el exterior pero preocupado e inseguro por dentro. A veces tienes serias dudas sobre si has obrado bien o tomado las decisiones correctas. Prefieres una cierta cantidad de cambios y variedad y te sientes defraudado cuando te ves rodeado de restricciones y limitaciones. También estás orgulloso de ser un pensador indepen-*

diente; y de no aceptar las afirmaciones de los otros sin pruebas suficientes. Pero encuentras poco sabio el ser muy franco en revelarte a los otros. A veces eres extrovertido, afable, y sociable, mientras que otras veces eres introvertido, precavido y reservado. Algunas de tus aspiraciones tienden a ser bastante irrealistas.»

¿Eres capaz tú también de identificarte con esa descripción? Quizás pienses que son afirmaciones muy generales o vagas, pero ese no es el factor fundamental que hace que las personas se reconozcan en ellas. Es algo intrínseco del ser humano. ¿No te ha pasado, por ejemplo, poner la radio y escuchar una canción que describe la situación que estás viviendo en ese momento? ¿O nunca te has sentido identificado con el protagonista de un libro o una película? Piensa también que, en lo fundamental, todos somos parecidos: los humanos tenemos más similitudes que diferencias.

Además del efecto Forer, para ser un buen lector hay que tener un conocimiento muy profundo de la psicología humana, y una intuición muy desarrollada por la experiencia de años y años. Sin embargo te voy a proponer un pequeño ejercicio para que empieces a estudiar las personas y ser capaz de describir su personalidad de forma asombrosa.

Pídele a una persona que elija 3 animales, empezando por su favorito (te recomiendo que lo hagas tú también ahora mismo, y escribas esos tres animales en orden en un papel). Imagina que elige, el perro, el gato y el delfín. Explícale que el primer animal representa cómo le gustaría ser. En nuestro ejemplo podrías decirle algo como:

> «*El primer animal que has elegido es el perro, lo que significa que para ti es muy importante la lealtad, y te preocupas mucho por tus amigos.*»

El segundo animal simboliza cómo es esa persona de verdad:

> «*El que hayas elegido gato como segundo animal quiere decir que en el fondo eres una persona muy independiente, que aunque eres capaz de trabajar en equipo, puedes buscarte la vida por ti mismo sin ningún problema.*»

El tercer animal representa como crees que los demás te ven. Siguiendo con el ejemplo:

> «*Por último el delfín significa que tus amigos saben que siempre pueden contar contigo cuando ellos necesiten ayuda.*»

No es difícil interpretar los animales, simplemente piensa en las cualidades de cada uno. Si no se te ocurre nada para un animal en concreto intenta recordar alguna película de dibujos animados en la que salga dicho animal y describe su personalidad, o cómo se comporte.

Te voy proponer un ejercicio. Imagina que la persona elige pingüino, cebra y elefante. Responde en voz alta como si estuvieras respondiendo a un amigo en concreto antes de leer mi lectura para estos animales...

> «*El primer animal simboliza cómo te gustaría ser. Como has elegido al pingüino, eso quiere decir que te gustaría divertirte más y no ser tan serio, reírte más de ti mismo. El segundo animal*

> *representa cómo eres realmente. La cebra es como un caballo, pero su pelaje a rayas es muy característico. Eso significa que tienes cualidades únicas que te hacen destacar sobre los demás, y a las que deberías sacarle más partido. El último animal representa cómo piensas que la gente te ve. El elefante simboliza la fuerza, y la sabiduría, así que seguramente los demás acuden a ti a menudo para pedirte consejo, o cuando necesitan un hombro donde llorar.»*

Seguramente mi lectura será distinta a la tuya, pero no importa. Cuando lo hagas realmente haz caso de tu intuición, y observa las impresiones que te inspire la persona que tienes delante.

Pensarás que esto es muy diferente a la lectura de cartas del Tarot, o las líneas de las manos, por ejemplo. En realidad, está mucho más relacionado de lo que pueda parecer: los lectores de cartas interpretan cartas al azar, que tienen asignados cada uno un valor simbólico. En nuestro caso los animales favoritos son nuestras cartas. Lo peligroso de las lecturas de cartas, o de cualquier tipo de adivinación, es que quien realice las lecturas o los que la reciban no comprendan qué es lo que de verdad está sucediendo, o cómo funciona este proceso. Muchos de los supuestos videntes no son conscientes de que lo que hacen es producto de la intuición y de la psicología humana, llegándose a creer ellos mismos que tienen poderes sobrenaturales. Otros adivinadores son simplemente estafadores. Ambos casos son igual de dañinos. Prácticas como predecir los eventos que supuestamente van a pasar, hacer recomendaciones médicas o amorosas, pueden ser muy perjudiciales para una persona. Más aún si dicha persona está pasando por un mal momento, lo que la hace más vulnerable si cabe. Fíjate también que estos mismos métodos son los que usan los médiums para simular que hablan con espíritus de personas fallecidas.

Pero estas técnicas pueden ser usadas con ética, cuando el conductor de la lectura lo hace de manera honrada, responsable, con una motivación artística que, por qué no, puede ser a su vez una forma muy elemental de terapia —de igual modo que cualquier tipo de arte puede llegar a ser terapéutico—. La inscripción a la entrada del Templo de Apolo en Delfos reza *"conócete a ti mismo"*, que quizás sea precisamente el propósito del Oráculo que se encontraba en dicho templo y del resto de formas de "adivinación". No conocer el futuro, sino comprender algo mucho más importante: a nosotros mismos. ¿Recuerdas tus tres animales favoritos que pensaste antes? Prueba a hacerte una lectura a ti mismo y piensa sobre el resultado. Otro día puedes elegir otros tres animales y hacerte otra lectura distinta. Esto es lo que yo llamo meditación intuitiva.

DESPEDIDA

Si has llegado hasta aquí espero que haya sido un recorrido interesante. Pero como todos los finales, éste no es más que el principio de un nuevo viaje. Ojalá hayas aprendido algo útil que usar en tu día a día; o una demostración con la que sorprender a tus amigos; o mejor aún si has encontrado algo que te gustaría seguir investigando... ¡Te animo a ello!

Solo me queda pedirte que conserves esa curiosidad que te ha traído aquí, pero siempre con todo tu sentido crítico alerta.

Muchas gracias y espero que nos volvamos a encontrar muy pronto.

Cristóbal Carnero Liñán
Málaga, Octubre de 2013

www.ingramcontent.com/pod-product-compliance
Ingram Content Group UK Ltd.
Pitfield, Milton Keynes, MK11 3LW, UK
UKHW020240250726
13967UKWH00001B/465

9 781291 611441